Nathalie Boisseau

le ménage au naturel

Sauf mention contraire, toutes les photos de cet ouvrage sont de Nathalie Boisseau.
Compost urbain (p. 34) : © Jardins Animés
Poubelle à pédale (p. 49) : © Vipp
Noix de lavage (p. 58) : © Wikimedia Commons
Lessiveuse (p. 55) : © Musée agricole de Botans
Linge (pp. 60, 63 et 107) : © Couleur Chanvre
Terre cuite (p. 83) : © Au Temps Jadis
Sols en fibres naturelles (p. 86, au milieu, et p. 88) : © Espace Revêtements

Collection Alternatives, 2014
5, rue Gaston-Gallimard Paris VIIe
www.editionsalternatives.com

TOUT BEAU TOUT BIO

Nathalie Boisseau

le ménage au naturel

ALTERNATIVES

sommaire

7. Les objets anciens

8. Annexes

introduction

Pourquoi faire soi-même ses produits d'entretien?

L'écologie et la santé

Les recettes de ce livre sont à base de substances naturelles et biodégradables. Les actifs contenus dans les ingrédients sont efficaces et sûrs. Exit phosphates, solvants, tensio-actifs qui polluent les rivières, l'environnement et les habitations. On a récemment découvert que les COV (composés organiques volatils) de certains produits nettoyants continuent de se diffuser même lorsque les contenants sont fermés. La pollution domestique est sournoise et silencieuse : elle peut être à l'origine d'allergies, de maux de tête, d'asthme ou d'affections respiratoires.

La simplicité volontaire

Faire soi-même ses produits ménagers permet de limiter les substances actives utilisées dans la maison. Si l'on n'y prend garde, quelque 60 000 substances chimiques peuvent baigner notre quotidien, sans que l'on ait bien appréhendé leur interactivité, ni leur rôle possible de perturbateurs endocriniens.
Les recettes contenues dans cet ouvrage sont simples et limitent les mélanges. Elles sont efficaces, éprouvées, elles méritent d'être réapprises.

Le gain de temps

Plus besoin de courir au supermarché quand la lessive, le désodorisant ou le liquide vaisselle viennent à manquer. Il suffit de refaire à la demande le produit ; un minimum d'organisation permet de n'être jamais à court de matières premières. L'habitude venant, il faudra très peu de temps pour reproduire les recettes.

La personnalisation

Les produits d'entretien faits maison peuvent être personnalisés. Parfum, texture, acidité, tout est adaptable en fonction des goûts, des besoins, des envies, des saisons...

Le coût

Le prix de revient est avantageux.
Les matières premières sont abordables, certaines peuvent être utilisées longtemps, comme les huiles essentielles, très concentrées.

Le souci écologique

« Réduire, recycler, réutiliser », cette philosophie qui nous vient d'Outre-Atlantique trouve là un champ d'applications évident. Les flacons, contenants et bidons sont lavés, rincés, réutilisés. Leur cycle de vie, de court, devient presque infini.
La réduction des déchets d'un foyer qui fabrique ses produits d'entretien sur plusieurs années est vraiment conséquent.

La sécurité

Il ne faut en aucune façon que des enfants ingèrent ou manipulent les produits de ménage faits maison. Ils sont composés de produits naturels mais néanmoins actifs. Cela ne dispense ni de surveillance, ni d'un stockage sécurisé. En cas d'accident, veiller à expliquer précisément au médecin la composition du produit fait maison (vinaigre, savon de Marseille, etc.).

1

le nécessaire indispensable

Faire soi-même ses produits d'entretien est une démarche qui apporte un regard neuf sur son habitat, renforce le bon sens et offre une certaine indépendance dans sa vie de consommateur. Le chapitre suivant vous donnera toutes les astuces pour recycler les emballages traditionnels en contenants durables.
La présentation des ingrédients les plus couramment utilisés vous apportera les connaissances nécessaires à la réalisation des différentes recettes.

Une quinzaine de contenants devrait suffire à couvrir l'ensemble des besoins ménagers de la maison.

Voici une liste non exhaustive :

- 2 bidons de lessive liquide avec leur bouchon et leur boule de lavage : un pour la lessive destinée au blanc, un autre pour la couleur ;
- 3 flacons avec pistolets : un pour les vitres, un pour le nettoyant multi-usages, un autre pour le désinfectant des sanitaires ;
- 2 flacons pompes : un pour détacher le linge, un autre pour l'émail ;
- 1 petit flacon avec buse pour le liquide vaisselle ;
- 1 boîte métallique ou plastique (tablettes pour lave-vaisselle) pour la poudre pour lave-vaisselle ;
- 2 boîtes rondes avec leurs couvercles : une pour l'encaustique, une autre pour la pierre à récurer ;
- 2 flacons de 2 litres avec bouchon : un pour l'entretien des sols carrelés, un pour l'entretien des parquets.

Mettre de côté chaque emballage, après l'avoir soigneusement vidé et rincé. Éviter absolument les flacons ayant contenu des produits nocifs (déboucheurs, eau de Javel, détachants, etc.). Mettre les bidons à tremper 24 heures dans de l'eau additionnée d'une cuillère à soupe de bicarbonate de sodium.

VITRES
MEUBLES

Les étiquettes

Pour distinguer les produits entre eux : utiliser des gommettes, des stickers, des autocollants, des étiquettes adhésives personnalisées via une imprimante, du papier adhésif découpé.... Des plus élaborées aux plus simples, on peut se laisser aller à toutes les fantaisies.

Les ingrédients

Le savon noir

Savon traditionnel (Beldi) fait à base d'huile d'olive et d'olives noires broyées, mises à macérées dans du sel et de la potasse, d'où sa couleur vert sombre. Il est utilisé dans les hammams pour le gommage de la peau. Ce produit est très utile également pour l'entretien des sols et des céramiques. Parmi ses nombreuses qualités, il a des propriétés bactéricides ; les éleveurs bio s'en servent pour désinfecter les pis des chèvres ou des vaches avant la traite.

Attention !
Il existe différentes qualités de savon noir, celui destiné aux soins du corps peut être utilisé pour l'entretien mais l'inverse n'est pas possible. Il ne faut pas se servir d'un savon noir à usage ménager pour se laver.

Où le trouver ? Dans les magasins bio, les enseignes de bricolage, les épiceries traditionnelles. Vendu en pots ou bidons de 0,5 litre.

L'alcool à brûler ou alcool ménager

L'alcool à brûler ou ménager est un alcool auquel on a ajouté un additif pour le dénaturer. Il désinfecte, dégraisse, fait briller et nettoie les vitres et les miroirs.

Où le trouver ? Dans les magasins de bricolage. Vendu au litre.

Le bicarbonate de soude

Ce composé blanc est un formidable produit multi-usages.
Poudre à lever, nettoyant et désodorisant, adoucisseur d'eau calcaire, abrasif doux pour les dents, il facilite la digestion et neutralise l'excès d'acide de l'estomac.

Où le trouver ? Dans les magasins bio, les grandes surfaces, aux rayons sels ou farines, levures. Vendu en paquets.

La glycérine ou le glycérol

Un produit incolore, visqueux, non toxique, issu entre autres de la transformation du vin qui sert principalement pour fabriquer des savons, des crèmes ou des lubrifiants. Sa composition permet d'épaissir les liquides trop fluides et d'améliorer le confort d'utilisation de certains produits (liquide vaisselle ou lessive liquide).

Où la trouver ? En pharmacie. Vendue en flacon.

La pierre ponce en poudre

Née du feu des volcans, la pierre-ponce est légère et poreuse. Sa couleur est plutôt grise et sa légèreté lui permet de flotter sur l'eau. On l'utilise dans beaucoup de domaines : hygiène, lessive, cosmétique, polissage des métaux, construction.

Pour de petites quantités, le plus simple est encore de se procurer une pierre ponce destinée à gommer les callosités de la peau. Envelopper la pierre dans un torchon épais et la frapper avec un marteau pour la réduire en poudre.

Où la trouver ? Dans les grandes surfaces, les pharmacies. Vendue au rayon hygiène, beauté.

Le borax ou « borate de sodium »
Ce minéral extrait de carrières situées principalement en Californie et en Turquie est un antiseptique naturel. À utiliser pour désinfecter, désodoriser et entretenir les sanitaires.

Où le trouver ? En pharmacies, chez les vendeurs de matériaux écologiques, dans les magasins pour décorateurs.

L'argile
Verte, rose, blanche, l'argile est un produit naturel aux multiples propriétés : absorbante, purifiante, abrasive, désodorisante... On l'utilise dans les produits cosmétiques et les produits d'entretien.

Où la trouver ? Aux rayons cosmétiques des grandes surfaces ou magasins bio, dans les pharmacies.

Le blanc de Meudon appelé aussi « blanc d'Espagne »
Cette craie naturelle broyée finement nettoie parfaitement le marbre et l'argenterie.

Où le trouver ? Dans les enseignes de bricolage ou de matériaux pour le bâtiment, au rayon ciment. Chez les vendeurs de matériaux écologiques. En paquet de 1,5 ou 5 kg.

Le vinaigre d'alcool blanc
Désinfectant, anti-bactérien, anti-calcaire, économique, écologique, le vinaigre d'alcool blanc (8 % d'acidité) entre dans la composition de nombreuses recettes liées à l'entretien de la maison bio et à sa décoration.

Où le trouver ? Dans les grandes surfaces. Parfois dénommé « vinaigre d'alcool cristal ».

Les cristaux de soude (ou carbonate de sodium)
Ces cristaux sont non toxiques. Ils sont obtenus à partir d'un minéral dont on exploite les gisements, le natron. On peut aussi en fabriquer de façon artisanale à partir de cendres d'algues (varech, goémon, salicorne). Depuis 1863, on le produit industriellement (procédé Solvay) à partir de sel et de craie. Très détergents, les cristaux de soude ont un fort pouvoir dégraissant. Ils sont couramment utilisés dans la fabrication de lessives et de détergents.

Où les trouver? Dans les magasins de bricolage, les boutiques bio, les grandes surfaces. En paquet de 1 kg.

Le savon de Marseille
Savon traditionnel fabriqué à partir de potasse, le savon de Marseille ne pollue pas, prend soin de la peau et du linge. Il détache et lave en douceur les linges délicats. Il est multi-tâches. Indispensable et incontournable.

Où le trouver? Dans les magasins de bricolage, les boutiques bio, les grandes surfaces.

Les huiles essentielles
Elles parfument naturellement les produits ménagers. La lavande, l'orange douce, le citron, l'arbre à thé ou la menthe sont souvent utilisés pour parfumer les produits d'entretien. Se renseigner auprès des vendeurs.

Où les trouver? Dans les pharmacies et les boutiques bio.

La boîte à outils

Outre les ingrédients eux-mêmes, la boîte à outils des produits d'entretien écologiques devra comporter :

- 1 balance,
- 1 verre mesureur,
- 1 jeu d'entonnoirs,
- 1 jeu de passoires,
- des gants.

Veiller à ne pas manquer de savons, poudres, vinaigre, etc. Le plus pratique est de stocker tous les ingrédients et les outils nécessaires dans une caisse.

Les accessoires

Le ménage écolo requiert quelques accessoires pour améliorer l'efficacité des produits lavants :

- les lingettes et chiffons en microfibre : la structure du tissu attire et retient la poussière. La microfibre est également plus absorbante qu'un tissu classique. Les torchons en microfibre se lavent en machine entre 40 et 90 ° (se référer au marquage) ;

- les brosses, éponges, grattoirs, serpillières. Indispensables pour laver, rincer, etc ;

- les balles de lavage, les boules anti-calcaire, les biowashball s'utilisent dans la machine à laver ou le lave-vaisselle. Elles permettent d'utiliser moins de produits et de réduire ainsi encore son impact sur l'environnement.

Vertus et utilisations

2

la cuisine

évier, robinets, canalisations

L'entretien régulier de l'évier et des robinets garantit l'hygiène et la propreté du point d'eau ; celui des canalisations prévient contre les dépôts et les mauvaises odeurs.

Poudre à récurer

Ingrédients

- **argile**
- **sel**
- **bicarbonate de soude**

1. Dans un flacon souple muni d'un couvercle saupoudreur, mélanger 2 cuillères à soupe d'argile verte avec quatre cuillères à soupe de bicarbonate de soude.
2. Ajouter 1 cuillère à soupe de sel fin. Secouer avant d'utiliser.
3. Saupoudrer le mélange sur l'évier et la robinetterie, frotter avec une éponge puis rincer abondamment.

Désodorisant pour canalisation

Ingrédients

- **vinaigre**
- **bicarbonate**

1. Mélanger 2 dl de vinaigre et 4 cuillères à soupe de bicarbonate de soude. Attention, il y a une réaction naturelle, le mélange devient effervescent ! Prévoir un récipient haut (pichet par exemple) pour éviter les éclaboussures.
2. Verser dans l'évier et attendre 15 minutes que cela agisse puis faire couler 1 litre d'eau très chaude pour nettoyer l'ensemble.

Prévoir ce traitement pour toutes les canalisations de la maison au moins 1 fois par mois. En cas de bouchons, voir la recette du déboucheur p. 43.

liquide vaisselle parfumé

Le principe est toujours le même : le savon associé à un peu de bicarbonate mousse et les cristaux de soude dégraissent. Les huiles essentielles parfument.

Ingrédients pour 0,5 litre de liquide vaisselle

- **eau**
- **bicarbonate**
- **cristaux de soude**
- **savon noir**
- **savon de Marseille**
- **huile essentielle de citron, de pamplemousse ou de thym**

1. Diluer 1 cuillère à café de bicarbonate, ½ cuillère à café de cristaux de soude et ½ cuillère à café de savon noir dans 2 dl d'eau froide.
2. Dissoudre 20 g de savon de Marseille dans 2 dl d'eau chaude.
3. Attendre que le savon et les cristaux soient bien dissous dans chaque mélange.

conseil

Au début, fabriquer le produit vaisselle par petites quantités.

Le savon liquide n'épaissit pas ?

En principe, le vrai savon de Marseille (72 % d'huile) épaissit les liquides dans lequel il est dilué, même à petites doses.
Il existe néanmoins une solution simple et écologique pour épaissir un liquide. Récupérer une eau de cuisson de pâtes ou de riz et la faire recuire avec un peu de riz ou de pâtes.
Cet amidon liquide constitue une bonne base pour toutes sortes de crèmes, pâtes ou liquides ménagers que l'on veut texturer.

4. Verser alors les 2 préparations dans un flacon de 500 ml. Secouer doucement et laisser épaissir quelques heures.
5. Diluer avec 1 dl d'eau et parfumer avec une dizaine de gouttes d'huile essentielle.

Attention !

Ne pas oublier de porter des gants surtout quand on fait la vaisselle à la main quotidiennement. Les cristaux de soude peuvent abîmer la peau, à remplacer éventuellement par du savon noir (½ cuillère à café supplémentaire) et ajouter miel et huile d'amandes douces à la préparation.

hotte, plaque de cuisson, four

Ces éléments ont besoin d'être régulièrement dégraissés et nettoyés.

Spray pour plaques de cuisson et hotte

Ingrédients

- **eau**
- **vinaigre**
- **savon noir**

1. Dans un flacon équipé d'un pistolet, mélanger 2 dl d'eau et 1 dl de vinaigre.
2. Ajouter 2 cuillères à soupe de savon noir et 5 gouttes d'huile essentielle d'arbre à thé.
3. Vaporiser sur la plaque de cuisson ou la hotte. Frotter et rincer.

> Si les brûleurs de la cuisinière sont très sales, les faire tremper dans ce mélange en remplaçant l'eau froide par de l'eau chaude pendant deux heures. Pour les plaques, verser dessus un peu de la préparation et maintenir en place en imbibant des chiffons. Laisser agir une nuit.

Nettoyant pour four

Ingrédients

eau ▮ **bicarbonate**

1. Mélanger 5 cuillères à soupe de bicarbonate dans de l'eau chaude, jusqu'à l'obtention d'une pâte.
2. Déposer sur les parois du four, laisser agir puis rincer.

Gel pour four encrassé

Ingrédients

eau ▮ **farine** ▮ **bicarbonate**
cristaux de soude

1. Porter à ébullition 2 dl d'eau, mélanger de la farine jusqu'à obtenir une sauce assez épaisse.
2. Retirer du feu et ajouter 3 cuillères à soupe de bicarbonate et 3 cuillères à soupe de cristaux de soude.
3. Enduire généreusement les parois du four. Laisser agir une nuit.
4. Le lendemain, ôter les résidus et rincer abondamment à l'eau claire. Ce gel est très efficace.

détartrant cafetière et bouilloire

Dans les régions où l'eau est calcaire, les cafetières et les bouilloires ont besoin d'être régulièrement détartrées.

Ingrédients

- eau
- vinaigre d'alcool

1. Mélanger 1 litre et demi d'eau et un verre de vinaigre d'alcool.
2. Verser ce détartrant dans le réservoir de la cafetière ou de la bouilloire.
3. Mettre en route la machine pour faire passer le mélange dans tous les éléments.

4. Puis laver soigneusement la cafetière ou la bouilloire avec une goutte de produit vaisselle ainsi que les parties en plastique.
5. Rincer. Faire fonctionner trois fois la machine pour ôter l'odeur vinaigrée.

astuce

Recycler le liquide en le réutilisant immédiatement (sanitaires, fond de vases), le détartrant chaud décuple son pouvoir anti-calcaire.

pierre à récurer

La pierre à récurer (ou pierre d'argile) détache toutes les taches tenaces, les fonds de casseroles, les surfaces qui ont besoin d'être récurées, lavées à fond.

Ingrédients

- **argile**
- **bicarbonate**
- **pierre ponce en poudre**
- **glycérine**
- **liquide vaisselle**
- **huile de lin**

1. Mélanger 150 g d'argile, 50 g de poudre de pierre ponce et 50 g de bicarbonate.
2. Ajouter 5 cl de glycérine, 5 cl de liquide vaisselle et 5 cl d'huile de lin.
3. Rallonger avec un peu d'eau si besoin jusqu'à obtenir une pâte assez épaisse.
4. Remplir de ce mélange un pot avec un couvercle. Laisser sécher au moins deux jours sur un radiateur ou au soleil, en fonction de la saison.

conseil

À défaut de glycérine, utiliser un cosmétique éventé, crèmes et laits hydratants en sont remplis.

Le mélange va sécher, jusqu'à devenir dur comme de la pierre.

Attention !

La pierre ponce raye l'acier et les métaux.

Pierre ponce en poudre

Le plus simple est de se procurer 2 petites pierres ponces (rayon hygiène) et de les réduire en poudre soi-même. Pour cela, enfermer chaque pierre dans un torchon replié. Frapper la pierre avec un marteau. C'est très facile car la pierre ponce est friable et poreuse. Deux petites pierre ponces (de la taille d'un œuf) produiront environ 50 g de poudre.

nettoyant multi-usages

Un produit multi-usages pour nettoyer et désinfecter le four, le réfigérateur, le plan de tavail, les surfaces modernes. Les huiles essentielles ajouteront une note d'agrumes bien agréable.

Ingrédients pour 0,5 l de nettoyant multi-usages

- **eau**
- **bicarbonate**
- **vinaigre**
- **huile essentielle de citron et d'orange douce**

1. Diluer 1 cuillère à soupe de bicarbonate dans 5 dl d'eau.
2. Ajouter 1 cuillère à café de vinaigre, 5 gouttes d'huile essentielle de citron et 5 gouttes d'huile essentielle d'orange douce.

3. Mélanger et verser dans un flacon équipé d'un vaporisateur.
4. Agiter avant l'emploi.

produits pour le lave-vaisselle

On peut réduire ou remplacer complètement les produits classiques par des produits faits maison.

Produit de rinçage
Remplacer le produit de rinçage par du vinaigre d'alcool blanc. Ça marche parfaitement. Pour renforcer l'effet anti-calcaire, penser à placer une boule magnétique (ou "aimantée") anti-calcaire dans le panier du lave-vaiselle.

Produit de lavage
Il y a deux alternatives aux poudres ou pastilles classiques : les noix de lavage ou la poudre écolo maison.

Les noix de lavage
Placer dans le lave-vaisselle un filet pour linge délicat contenant 3 noix de lavage. Retirer le filet avant le rinçage au cas où la saponine naturellement contenue dans les noix de lavage formerait un filtre blanchâtre.

La poudre écolo maison
Piler dans un mortier des cristaux de soude pour les réduire en poudre. Dans une boîte hermétique, mélanger 1/3 de poudre à lave-vaisselle écologique, 1/3 de cristaux de soude en poudre et 1/3 de bicarbonate de soude. Récupérer le récipient doseur (petite pelle) et verser une dose dans le lave-vaisselle à chaque lavage. La vaisselle est aussi propre qu'avec un produit industriel.

Sel régénérant
L'entreprise écologique Sonett précise que son sel de régénération est un gros sel de qualité alimentaire sans additif d'écoulement, sans colorant, sans additifs déshydratants. On peut donc tout à fait remplacer son sel régénérant par du gros sel alimentaire. Privilégier les gros conditionnements.

L'utilisation de produits écologiques pour le lave-vaisselle implique quelques réglages. En effet, les produits classiques incorporent dans leurs formules des adoucisseurs synthétiques (polluants par ailleurs). Ce sont pour ces produits que sont réglés les niveaux de l'échangeur d'ions (adoucisseur) intégré. Pour utiliser des produits écologiques, il faut donc surestimer la dureté de l'eau et choisir un nouveau réglage. Se référer à la notice du constructeur. Attention, c'est regrettable mais on ne peut pas modifier ce réglage sur certains lave-vaisselle, réglés de façon électronique.

nettoyer le frigo

Pour un réfrigérateur propre et sain, sans odeurs, voilà une recette simple et efficace.

Ingrédients

- **eau**
- **bicarbonate**
- **jus de citron**
- **huile essentielle de citron**

1. Remplir la moitié d'un bol avec de l'eau. Délayer 2 cuillères à soupe de bicarbonate et le jus d'un demi citron. Parfumer avec quelques gouttes d'huile essentielle de citron.
2. Vider le réfrigérateur, nettoyer tous les éléments amovibles avec un peu de liquide vaisselle.
3. Humidifier un torchon en microfibre ou une éponge (sans grattoir) avec le mélange. Frotter sur les parois et les étagères.

Si les clayettes sont en verre, passer un peu de produit à vitres (recette p. 40). Rincer soigneusement l'ensemble et essuyer avec un torchon propre.

entretenir le four

Pour nettoyer le four, une pâte express à réaliser à la demande.

Ingrédients

- **eau**
- **bicarbonate**

1. Délayer 3 cuillères à soupe de bicarbonate dans un peu d'eau jusqu'à obtenir une consistance pâteuse.
2. Appliquer ce mélange avec une éponge. Laisser agir quelques instants puis rincer généreusement.
3. Essuyer.

Laver le métal

Ingrédients

- **eau**
- **cristaux de soude**
- **savon liquide**

Pour entretenir et faire briller le chrome et le métal des appareils ménagers, préparer ce mélange.

1. Dissoudre 1 cuillère à soupe de cristaux de soude dans 0,5 l d'eau tiède.
2. Ajouter une noisette de savon noir.
3. Mélanger et vaporiser sur les surfaces. Essuyer avec un chiffon doux.

Attention !
Réaliser un test au préalable sur un endroit discret, les alliages métalliques pouvant quelquefois marquer.

combattre les mauvaises odeurs

Quelques trucs pour lutter contre les mauvaises odeurs de poubelle, de cuisson, etc., et se débarrasser des vilains relents alimentaires.

Brûlé
Faire bouillir quelques rondelles de citron dans 1 litre d'eau. Laisser infuser la casserole, couvercle ouvert, dans la cuisine. L'odeur disparaîtra peu à peu.

Chou
Cette odeur, très tenace, sera fortement atténuée en plaçant une boulette de mie de pain trempée dans du vinaigre blanc sur le couvercle de la marmite.

Fromage
Pour éliminer les odeurs de camembert, placer directement dans le réfrigérateur un verre de lait bouilli ou un jus de citron pressé ou deux morceaux de charbon dans un bol d'eau, ou encore deux cuillerées de café moulu dans une coupelle. C'est radical et complètement naturel.

Poubelle
Pour absorber l'humidité malodorante au fond de la poubelle, disperser une poignée de litière pour chat mélangé à un peu de bicarbonate. Entretenir régulièrement la poubelle avec un liquide désinfectant (voir p. 49).

Poisson
Cette odeur disparaît en faisant griller quelques tranches de pain au four, porte ouverte.

Odeurs sur les plans de travail, et planches à découper
Lors des préparations culinaires, des odeurs d'oignon, d'ail, de poisson, s'installent sur les espaces de travail. Frotter la surface avec un demi-citron jaune. Nettoyer ensuite normalement et essuyer.

compost urbain

Contrairement aux idées reçues, le compost n'est plus réservé au jardin. Grâce aux lombri-compostage, il est désormais possible de recycler ses déchets dans son appartement ou sur son balcon.

Les lombrics permettent la transformation rapide et sans odeur des déchets organiques en engrais naturel. Avec cette méthode, 50 % des déchets de la cuisine peuvent être ainsi transformés en engrais solide et liquide. **Cet engrais** sert à nourrir les plantes, le mini-potager ou les aromates. Diluer l'engrais liquide dans l'eau d'arrosage des plantes et rempoter avec l'engrais solide.

Pour fabriquer soi-même son lombri-composteur

1. Se procurer 3 bacs en polystyrène de poissonnier; les empiler et percer les deux premiers étages.
2. Disposer les vers et les déchets en haut. Le terreau sous forme boueuse et liquide s'écoulera à l'étage en dessous. L'engrais liquide est à récupérer dans la caisse du bas. Vider régulièrement les bacs.

Où se procurer des vers?
Les pêcheurs et les agriculteurs connaissent très bien ces minuscules vers rouges, appelés aussi « vers de fumier » car on les trouve naturellement sous les tas de litières animales ou dans les boues au bord des rivières. On peut également s'en procurer dans les commerces spécialisés ou les magasins écologiques.

Que mangent les vers?
Des fruits, des légumes, des herbes, des céréales, du pépins, du marc de café avec filtres, des sachets de thé, des coquilles d'œufs, du pain émietté...
Ils recyclent leur propre poids tous les deux à trois jours. Le secret pour qu'il n'y ait pas d'odeur est de nourrir les vers régulièrement et progressivement.

Pour se procurer un bac et des vers, connaître les actualités, les initiatives domestiques ou publiques liées au vermicompostage : verslaterre.fr, en partenariat avec l'ADEME. Il faut savoir que certaines communautés de communes fournissent gratuitement des bacs et des vers aux particuliers qui en font la demande.

tri des déchets

Le tri des déchets est un grand basique en matière de gestes domestiques à portée écologique.

Les matières premières les plus recyclées restent le verre, le papier et le carton, l'aluminium. Depuis peu, les communes transforment les déchets organiques en compost. Quant aux plastiques, ils sont retraités via des filières de recyclage industriel.

Les déchets qui se recyclent sont à placer dans les bacs prévus à cet effet, en vrac et sans sacs poubelles. Ne pas oublier de vider les contenants, sans les laver.

Le verre : les bouteilles, les bocaux, les pots. Ôter les bouchons et les couvercles.

Le papier et les cartons : les journaux et les magazines. Les boîtes en carton, les briques alimentaires.

Le métal : les boîtes de conserves, les barquettes aluminium. Les canettes et les bidons alimentaires. Les aérosols (enlever la buse).

Le plastique : les bouteilles alimentaires et les flacons ménagers, les produits d'hygiène avec leurs bouchons.

Les déchets qui ne se recyclent pas sont à placer dans des sacs poubelles dans le bac prévu à cet effet.

Le verre : les verres brisés, les bris de verre, les ampoules à filaments, les flacons de parfums.

Le papier et les cartons : tous les cartons alimentaires, les barquettes, les boîtes de pizza, s'ils ont été souillés. Les papiers peints, les mouchoirs, les papiers absorbants.

Le métal : les objets métalliques qui ne se recyclent pas sont destinés à la déchetterie.

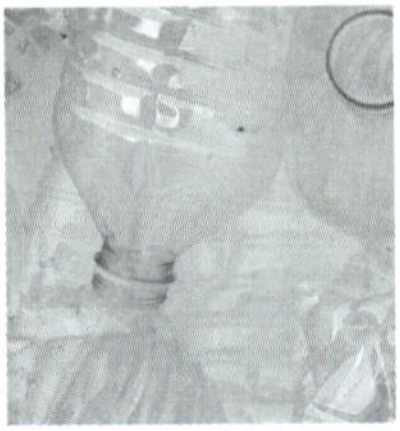

Le plastique : les sacs et les films plastiques, les barquettes en polystyrène, les pots de yaourt et de crème fraîche.

répulsifs insectes

Il peut arriver que des insectes s'installent dans la cuisine, surtout en été. Voici quelques répulsifs doux qui ont fait leurs preuves.

Les fourmis pénètrent toujours dans une pièce par une fissure communiquant avec l'extérieur. Après avoir repéré d'où elles viennent, boucher le trou. Si ce n'est pas possible ou difficilement localisable, placer sur leur chemin un coton imbibé de quelques gouttes d'huile essentielle de lavande ou à défaut du jus de citron. Elles détestent cette odeur.

Les mouches : contrôler les poubelles et les laver en cas d'odeur, même faible. Placer un basilic ou un ricin en pot dans la pièce. L'odeur de ces végétaux fera fuir les mouches. On peut également vaporiser une décoction de feuilles de noyer ou faire brûler une feuille d'eucalyptus.

Les mites n'aiment pas le cèdre, le camphre, le poivre, le thym, l'eucalyptus. Placer un morceau de bois de cèdre ou de camphrier dans le placard ou bien des grains de poivre, des feuilles de thym ou d'eucalyptus.

Les moustiques n'apprécient pas l'odeur de la citronnelle, mais son parfum peut incommoder certaines personnes. Avant le début de l'été, piquer entièrement une orange de clous de girofle (deux ou trois oranges pour la chambre à coucher). Ce pot pourri naturel durera toute la saison et son odeur est vraiment efficace contre les moustiques.

3

les sanitaires

miroirs et vitres

Il existe différentes façons d'entretenir les vitres et les miroirs.

Recette au blanc de Meudon

Ingrédients

- **eau**
- **blanc de Meudon**

Pour des vitres ou des miroirs très sales : diluer 3 cuillères à soupe de blanc de Meudon dans ½ litre d'eau. Frotter un chiffon imbibé de ce mélange. Faire de petits mouvements concentriques. Rincer ensuite soigneusement. La craie étant légèrement abrasive, les surfaces sont dégraissées et polies.

Recette à l'alcool

Ingrédients

- **eau**
- **alcool ménager désodorisé**
- **huile essentielle de citron**

Pour l'entretien courant des vitres et des miroirs : dans un flacon équipé d'un pistolet vaporisateur, diluer 1,5 dl d'alcool ménager dans 3,5 dl d'eau. Parfumer le mélange avec 5 gouttes d'huile essentielle de citron.

Recette au vinaigre

Ingrédients

- **eau**
- **vinaigre d'alcool blanc**
- **huile essentielle d'arbre à thé**

Pour l'entretien courant : dans un flacon équipé d'un pistolet vaporisateur, mélanger 4 dl de vinaigre et 1 dl d'eau. Ajouter 5 gouttes d'huile essentielle d'arbre à thé. Vaporiser sur les miroirs et les vitres. Frotter avec des chiffons propres.

crème et poudre pour l'émail

Cette crème, véritable produit de beauté pour l'émail, nettoie et blanchit en douceur la douche, la baignoire et le lavabo. Le parfum de pamplemousse laissera une agréable odeur fruitée.

Crème

Ingrédients

- **fécule de pomme de terre**
- **blanc de Meudon**
- **bicarbonate de soude**
- **liquide vaisselle ou savon liquide**
- **huile essentielle de pamplemousse**

1. Dans un saladier, diluer au fouet 1 cuillère à soupe de fécule de pomme de terre dans 4 cuillères d'eau chaude.
2. Ajouter 50 g de blanc de Meudon, 50g de bicarbonate de soude et 2 dl de liquide vaisselle ou savon liquide (recette p. 22).
3. Ajouter de l'eau jusqu'à obtenir une crème fluide, d'une texture un peu épaisse.

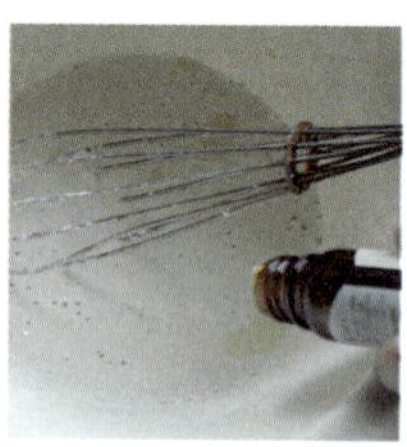

4. Verser dans un flacon souple. Parfumer avec 10 gouttes d'huile essentielle de pamplemousse.

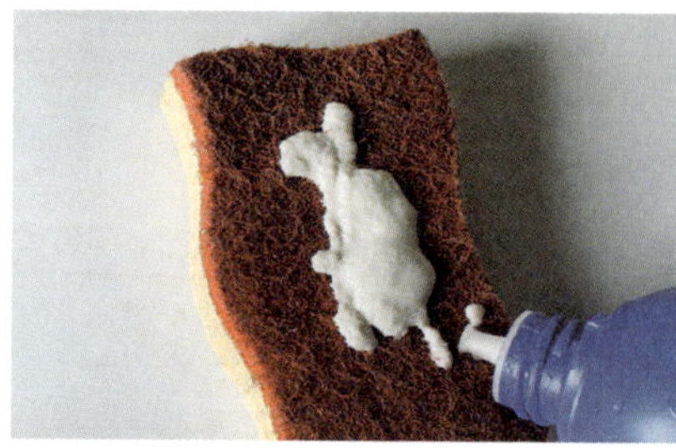

Poudre

Ingrédients

- **blanc de Meudon**
- **bicarbonate**
- **poudre de racine d'Iris**
- **argile blanche**
- **sel fin**

La crème peut être déclinée en poudre. C'est une affaire de préférence et d'habitude. La poudre d'iris et l'argile blanche donnent un caractère résolument raffiné à ce produit.

Mélanger dans un flacon saupoudreur 50 g de blanc de Meudon et 50 g de bicarbonate, 1 cuillère à café de poudre de racine d'iris pour le parfum, 25 g d'argile et 25 g de sel fin. Secouer la flacon avant utilisation, saupoudrer sur l'émail et frotter avec une éponge humide.

déboucheur pour canalisations

Les bouchons peuvent être dissous grâce à ce mélange actif, malgré des ingrédients très simples.

Ingrédients

- gros sel
- vinaigre
- bicarbonate

conseil

Veiller à entretenir régulièrement les systèmes d'écoulements. Curer les bondes en dévissant les siphons, vérifier les filtres, surveiller les dépôts de calcaire.

1. Dans 3 dl de vinaigre, ajouter 4 cuillères à soupe de gros sel et 4 cuillères à soupe de bicarbonate. Attention, ce mélange devient vite effervescent, incorporer les cuillères de bicarbonate progressivement.
2. Prévoir également un pichet ou un récipient haut. Verser dans l'évier, le lavabo ou la cuvette des toilettes.
3. Laisser agir 30 minutes.

Gros bouchons

Si le bouchon résiste, il faut essayer de l'enlever à l'aide d'un furet (grand fil de fer gainé, équipé d'une manivelle, en magasins de bricolage) ou d'une ventouse. Dans tous les cas, il faut privilégier les solutions mécaniques et les mélanges naturels pour déboucher et entretenir les canalisations.

désinfectant pour les toilettes

Les toilettes, classiques ou sèches, ont besoin d'être désinfectées au moins une fois par semaine. Ces deux recettes désinfectent et laissent un parfum frais.

Recette à l'alcool ménager

Ingrédients

- eau
- alcool ménager
- huile essentielle de lavandin

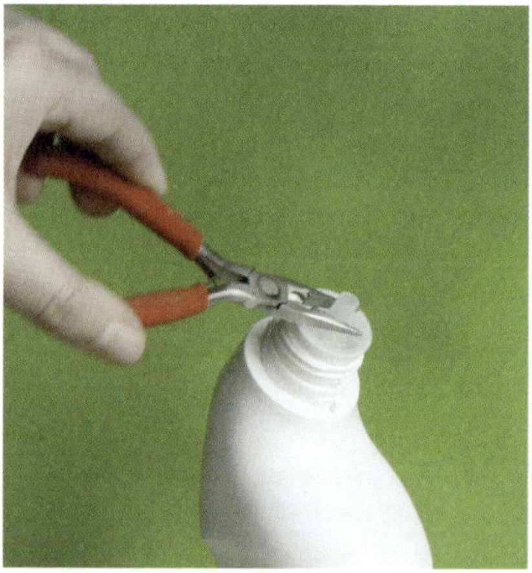

1. Dévisser la buse d'un flacon souple (avec une pince si besoin).
2. Verser 2 dl d'alcool ménager et 2 dl d'eau. Mélanger et parfumer avec 5 gouttes d'huile essentielle de lavandin.

Recette à l'eau oxygénée

Ingrédients

- eau
- eau oxygénée (ou peroxyde d'hydrogène)
- huile essentielle de pin

1. Verser 2 dl d'eau oxygénée et 2 dl d'eau dans un flacon. Mélanger et parfumer avec 5 gouttes d'huile essentielle de pin.
Ce mélange désinfecte et blanchit en même temps.
2. Mettre un peu de produit sur une éponge ou directement sur l'émail.
3. Frotter et laisser agir une dizaine de minutes. Brosser et rincer.

désodorisants naturels

Il existe toute une panoplie de désodorisants naturels qui sont une bonne alternative aux aérosols.

Le vaporisateur eau de Cologne
Récupérer un vaporisateur et verser de l'eau de Cologne à la lavande ou au chèvrefeuille (1er prix, aux essences naturelles). Vaporiser en cas de mauvaises odeurs.

Le spray anti-odeurs
Dans 0,5 litre d'eau distillée, délayer 1 cuillère à soupe de bicarbonate, un morceau de charbon de bois émietté, quelques gouttes d'huile essentielle (parfum au choix : pin, lavandin). Verser dans un vaporisateur. Le bicarbonate et le charbon de bois vont éliminer les odeurs, l'huile essentielle va parfumer.

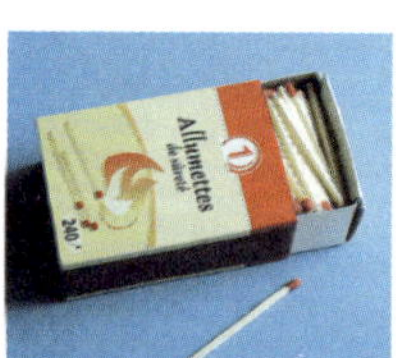

Les allumettes
Craquer une allumette. C'est radical et rapide contre les mauvaises odeurs.

Le pot-pourri
Dans une coupelle, placer des fleurs de lavande, des pétales de roses, des feuilles d'eucalyptus, des fruits de conifères, etc. Saupoudrer d'un peu de poudre d'iris. Ajouter de temps à autre quelques gouttes d'huile essentielle de citron. Brasser le pot-pourri pour le réactiver.

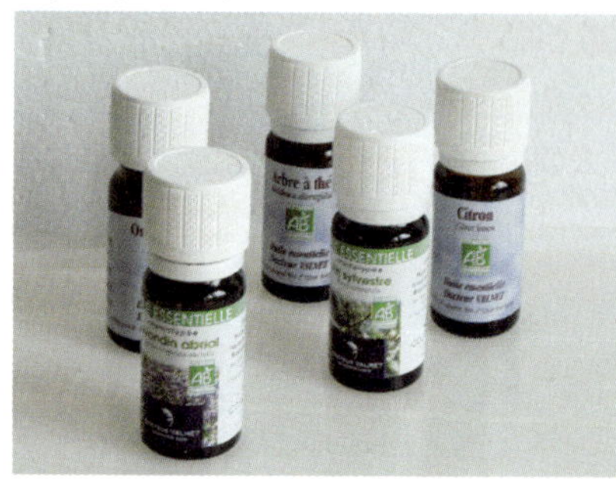

Faire son eau de Cologne

Ingrédients

- **60 ml d'alcool à 75 ° (sans odeur, en pharmacies)**
- **20 ml d'eau distillée**
- **10 gouttes d'huile essentielle de citron**
- **10 gouttes d'huile essentielle d'orange douce**
- **10 gouttes d'huile essentielle de pamplemousse**
- **10 gouttes d'huile essentielle de lavandin**

1. Dans un flacon en verre bleuté, verser tous les ingrédients.
2. Laisser macérer le mélange à l'abri de la lumière, pendant 2 semaines, en agitant de temps en temps.
3. Vaporiser pour parfumer la maison. Il est possible de remplacer l'alcool à 75 ° par de la vodka.

L'eau de Javel

L'eau de Javel est une solution composée d'hypochlorité de sodium, de chlorure de sodium (sel) et d'eau. Elle rend de grands services en milieux hospitaliers car c'est un désinfectant qui a un champ d'action très large. L'eau de Javel détruit les bactéries, les champignons, les spores et même les virus.

Découvert en 1785 par Claude Berthollet, chimiste, ce produit a d'abord été utilisé pour blanchir les textiles, dans un village du nom de Javel (actuel quartier du xve arrondissement de Paris), d'où son nom.

En Europe, les volumes d'utilisation et les législations concernant les dilutions autorisées sont très disparates. Quand la France en consomme 245 millions de litres/an, en Allemagne, on achète 35 millions de litres/an. C'est culturel : les habitants des pays latins utilisent quotidiennement l'eau de Javel, les circuits de distribution sont très accessibles, les populations nordiques l'utilisent avec beaucoup de parcimonie et de précaution. En Allemagne, par exemple, il est difficile de s'en procurer.

Une norme européenne (EN 862) harmonise les législations : depuis 2001, elle revoit à la baisse les dilutions autorisées, que ce soit pour les professionnels ou les particuliers. Le but est de réduire les risques domestiques et environnementaux.

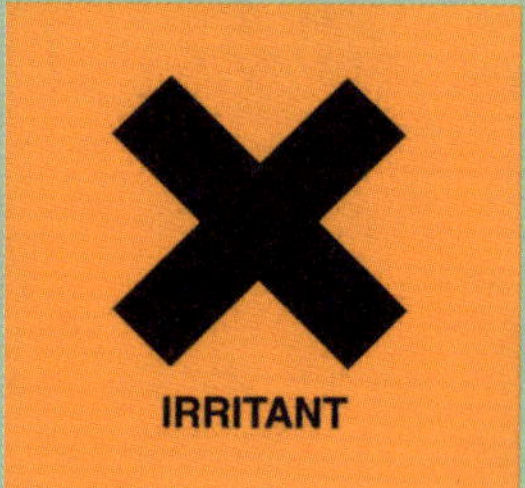

les alternatives domestiques

Une maison normalement chauffée, aérée, entretenue n'a pas besoin d'être désinfectée en permanence. Au contraire, une désinfection trop agressive nuirait à l'équilibre ambiant. Il existe des alternatives à l'eau de Javel.

Désinfecter une poubelle, une litière de chat, une cuvette de toilettes

1. Dans ½ litre d'eau, mélanger 1 dl de vinaigre et 3 cuillères à soupe de bicarbonate en poudre. Le mélange bouillonne un peu. C'est une réaction normale, sans risques.
2. Laisser agir une nuit puis rincer.

Blanchir des joints de douches ou baignoires

1. Mélanger 1 dl de vinaigre et 3 à 4 cuillères à soupe de bicarbonate en poudre. Prévoir du papier absorbant ou des chiffons.
2. Arroser généreusement les joints et faire des boudins avec du papier absorbant ou des chiffons sur les joints humides. Le liquide sera ainsi maintenu en place.
3. Laisser agir une nuit. C'est très efficace.

L'eau oxygénée (en poudre son nom est le peroxyde d'hydrogène) pourra remplacer le mélange vinaigre et bicarbonate. Sous la forme de poudre ou de liquide, c'est un produit qui désinfecte et blanchit.

4

le linge

trucs anti-taches

Quelques trucs à connaître pour venir à bout de toutes les taches.

Ketchup, tomate
Rincer la tache à l'eau froide. Imbiber le tissu sali de vinaigre blanc dilué avec un peu d'eau. Laissez agir 2 heures puis laver.

Cosmétiques
Retirer les taches de maquillage avec un tampon imbibé d'éther. Renouveler plusieurs fois l'opération jusqu'à effacement total. Puis enlever l'auréole avec un peu d'eau savonneuse tiède.

Chocolat
Retirer le maximum de chocolat possible puis faire tremper le textile dans de l'eau tiède vinaigrée.

Graisse, beurre, huile
Saupoudrer la tache avec du talc, de l'argile ou de la terre de Sommières. Une fois que la poudre a bu le gras, laver en machine en appliquant (par sécurité) un peu de lessive liquide sur la tache.

Vin
Imbiber la tache d'un peu de lait chaud. Laisser prendre puis laver normalement en machine.

ou d'un peu de savon de Marseille liquide.
Faire ensuite tremper 24 heures dans un peu d'eau froide, puis passer en machine.

Enlever un chewing gum
Faire durcir le chewing gum avec un glaçon puis gratter avec un couteau pour ôter le maximum de pâte.
Frotter ensuite avec une gomme. Passer en machine.

Feutre, stylo, encres
Imbiber la tache de lait et faire tremper dans du jus de citron additionné de sel. Passer en machine.

Fruits
Verser immédiatement de l'eau bouillante sur la zone tachée.
Laver ensuite normalement.

Cambouis, goudron
Frotter avec un peu d'huile de cuisine puis appliquer du liquide vaisselle sur l'auréole. Laver en machine immédiatement.

Café
Saupoudrer de sel puis frotter la zone avec un tissu imbibé d'alcool ménager et de vinaigre blanc en parts égales.

Sang
Nettoyer avec un tampon d'eau oxygénée si le tissu est blanc, sinon recouvrir d'une noix de savon noir

Herbe
Si le tissu est clair, frotter la tache avec un chiffon imbibé de jus de citron, rincer. Sur le tissu est foncé, imbiber d'alcool ménager. Laver ensuite en machine.

Taches de rouille
Les taches de rouille partent facilement en les frottant avec un mélange de jus de citron (½ citron) et de sel (1 cuillère à soupe).

Fabriquer son détachant avant lavage
1. Garder l'eau (non salée) où ont cuit des haricots blancs. C'est un excellent détachant naturel. Dans 0,5 litre de cette eau, ajouter une noisette de savon noir et une noisette de savon de Marseille liquide.
2. Agiter et appliquer avant lavage sur les taches rebelles.

lessives d'autrefois

Les ménagères d'avant la révolution industrielle avaient de la ressource et de l'imagination. Petit tour d'horizon des lessives d'autrefois.

Lessive à la saponaire
La saponaire (*Saponaria officinalis*) est une plante sauvage commune d'Europe à fleurettes rosées, qui pousse sur les talus, dans les sous-bois. Récolter les plantes au moment de la floraison (de juin à octobre), veiller à ne pas en ramasser trop, pour ménager la ressource.

Ingrédients
- **30 g de racine de saponaire**
- **2 l d'eau**
- **huile essentielle**

C'est la racine qui contient le plus de saponine.

1. La couper en petits morceaux et la faire sécher.
2. Faire bouillir 30 g de racines dans 2 litres d'eau (non calcaire, sinon utiliser de l'eau de pluie).
3. Mettre en bidons et parfumer avec quelques gouttes d'huile essentielle. Utiliser 1 à 2 dl de cette lessive pour la laine et les tissus délicats.
4. Mettre en bidons et parfumer avec quelques gouttes d'huile essentielle. Utiliser 1 à 2 dl de cette lessive pour la laine et les tissus délicats.

Attention !
Pour le blanc, la lessive à la saponaire est légèrement jaunissante.

Lessive aux feuilles de lierre
Le lierre grimpant (*Hedera helix*) pousse sur les arbres, les murs, les maisons abandonnées. Il possède de nombreuses propriétés.

1. Cuire environ 100 feuilles dans 2 litres d'eau pendant 10 minutes. Laisser refroidir, puis filtrer le contenu.
2. Mettre en bidon. Utiliser cette lessive naturellement détergente pour les lainages fragiles (programme tiède ou froid).

à savoir
On peut préparer une lessive polyvalente en faisant bouillir 15 minutes 50 feuilles de lierre, 15 marrons d'Inde et 30 g de racine de saponaire dans 2 litres d'eau.

Lessive à la cendre

Grand classique de nos grands-mères, la lessive à la cendre a des propriétés détergentes. En effet, 100 g de cendres contiennent naturellement 10 g de potasse.

Ingrédients

- **100 g de cendres de bois**
- **2 l d'eau**

1. Verser 4 verres de cendres dans 2 litres d'eau.
2. Laisser décanter 24 heures.
3. Filtrer avec un entonnoir recouvert d'un tissu fin (mousseline ou coton).
4. Ajouter quelques gouttes d'huile essentielle de citron.

Mesurer 2 dl de lessive par brassée de linge. Verser dans le compartiment lessive ou dans une boule directement au cœur du linge.

à savoir

Certaines méthodes préconisent de faire bouillir 15 minutes le mélange eau et cendre avant de le mettre en bidon. Dans le *Larousse ménager* (1931), la cendre est placée directement dans un petit sac dans la lessiveuse.

Lessive aux marrons d'Inde

En France, le marronnier d'Inde (*Aesculus hippocastanum*) est très présent dans les jardins publics.

Ingrédients

- **1 kg de marrons**
- **3 l d'eau**

1. Peler les marrons et les découper en petits morceaux.
2. Faire bouillir 1 heure dans d'eau.
3. Filtrer et mettre en bidon. Utiliser cette lessive pour les couleurs foncées et le noir.

noix de lavage

Poussant sur les contreforts de l'Himalaya, le *Sapindus mukorossi* porte des noix qui, sans additifs de synthèse, produisent un savon biodégradable (saponine), ne nécessitant aucune transformation industrielle.

Les noix sont récoltées une fois par an, décortiquées – on utilise uniquement les coques –, séchées et mises en sacs. Elles sont employées localement depuis toujours par les femmes qui s'en servent pour fabriquer liquide vaisselle, lessive, shampoing, ou savon.

Ces noix de lavage sont faciles à utiliser et très efficaces. Elles servent à laver le linge ou la vaisselle, et sont particulièrement recommandées pour laver les tissus les plus délicats (soie, laine) ou le linge des bébés.

Mode d'emploi

1. Une fois le sac de noix ouvert, stocker les noix dans une boîte fermée pour éviter l'humidité.
2. Placer 4 à 5 moitiés de coquilles de noix dans un sac (ou un filet) au cœur de la machine à laver le linge ou la vaisselle.
3. Laisser le sac pendant toute la durée du cycle de lavage, y compris pendant la phase de rinçage. Certains préfèrent retirer le sac au moment du rinçage. La saponine est pourtant complément inoffensive et laisse rarement un dépôt.
4. Les noix peuvent être réutilisées 3 fois si la température de lavage ne dépasse pas 60 °.

bonus

Une décoction de noix de lavage multi-usages
Mettre de côté les noix utilisées, les faire bouillir dans 1 litre d'eau en y ajoutant 5 demi-coques de noix neuves. Mettre en bidon et utiliser indifféremment comme shampoing, savon liquide, répulsif contre les moustiques, insecticide naturel, ou même pour toiletter les animaux.

Les lieux de culture des noix de lavage, éloignés de l'Europe, posent le problème du transport. Le *Sapindus mukorossi* pousse pourtant en Algérie et pourrait y être cultivé. Aujourd'hui, on tend à se tourner vers les plantes locales ou acclimatées qui contiennent également de la saponine : la saponaire, la nielle de blé, le marron d'Inde, le lierre et la luzerne (voir p. 54).

balles de lavage

Pour renforcer le pouvoir lavant des lessives écologiques et économiser du produit, il est bon de compléter sa batterie pour le linge avec des boules et des balles de lavage.

La biowashball
La biowashball est composée de billes de céramique contenues dans une sphère en plastique. Elle émet des ions négatifs qui affaiblissent l'adhérence des saletés sur les tissus.

Son Ph de l'ordre de 10 permet de traiter et d'éliminer les taches de graisse. Elle élimine les micro-organismes contenus dans l'eau de lavage de la machine, et donne un linge propre et sain.

Les balles de lavage
En caoutchouc naturel, elles sont très résistantes, à placer directement dans le tambour de la machine. Elles brassent et battent le linge, qui est mieux lavé, mieux rincé, plus doux et plus facile à repasser. Les balles reproduisent de façon mécanique les gestes des lavandières d'autrefois.

Les boules anti-calcaire
Les aimants qu'elles contiennent créent un champ magnétique qui empêche le calcaire de se déposer sur les systèmes de chauffage de la machine à laver le linge ou du lave-vaisselle, réutilisables à l'infini.

On réduit de 30 à 40 % les doses de lessive en utilisant les boules et les balles de lavage.

Où trouver ces accessoires?
Sur internet, dans les magasins bio ou les grandes surfaces au rayon produits d'entretien.

blanchir le linge

Quelques trucs et recettes à redécouvrir pour obtenir du linge bien blanc.

- Faire tremper le linge dans une grande quantité d'eau dans laquelle vous aurez dilué une goutte d'encre pour stylo plume bleue.
- Ajouter le jus d'un citron lors d'une machine.

- Ajouter un peu d'eau oxygénée si la lessive est liquide, ou de peroxyde d'hydrogène si la lessive est en poudre.
- Ajouter 50 g de bicarbonate à la machine.
- Étendre le linge dehors au soleil L'action des rayons UV a un pouvoir blanchissant insoupçonné.

entretenir la machine

Si l'eau est calcaire, il est bon de faire une machine à vide avec 1 litre de vinaigre, tous les trimestres. Si l'eau est très dure, le renouveler tous les mois.

Laver sans lessive

On l'oublie trop souvent, le premier agent nettoyant est l'eau. Partant de ce fondamental, un constructeur d'électro-ménager propose depuis 2008 une machine qui lave sans l'aide d'aucune lessive. Ce principe de lavage utilise l'électrolyse de l'eau. La saleté est attirée et retenue par les ions OH-, tandis que le linge est stérilisé par les ions H+. Ce mode de nettoyage est compatible pour un lavage à chaud (jusqu'à 90 °C) ou à froid.

assouplissant

Concocté à base de vinaigre et d'huile essentielle, un assouplissant naturel et efficace.

Ingrédients

- **eau distillée**
- **vinaigre d'alcool blanc**
- **huile essentielle d'arbre à thé (ou de lavande)**

1. Récupérer un petit flacon d'assouplissant avec bouchon doseur. Y verser 1 litre de vinaigre et 0,5 litre d'eau distillée.
2. Ajouter 10 à 20 gouttes d'huile essentielle d'arbre à thé. Bien secouer le bidon pour mélanger tous les ingrédients.
3. Remplir le compartiment assouplissant avec 1 à 2 bouchons de produit.

Le vinaigre de fleurs, une alternative parfumée

1. Aux beaux jours, faire macérer 15 jours dans du vinaigre de cidre des boutons de roses, des fleurs de lavande, des œillets, des feuilles de thym et de romarin.
2. Filtrer et utiliser ce vinaigre parfumé pour fabriquer l'assouplissant.

eau parfumée

Une eau parfumée dans le fer à repasser laissera sur le linge une agréable odeur de frais.

Ingrédients

- **eau distillée**
- **huile essentielle de lavandin**

Dans un bidon de 5 litres d'eau distillée, ajouter 30 à 40 gouttes d'huile essentielle de lavandin – moins onéreuse que celle de lavande. Remplir régulièrement le réservoir du fer.

On trouve des bidons d'eau distillée dans les magasins pour accessoires automobile.

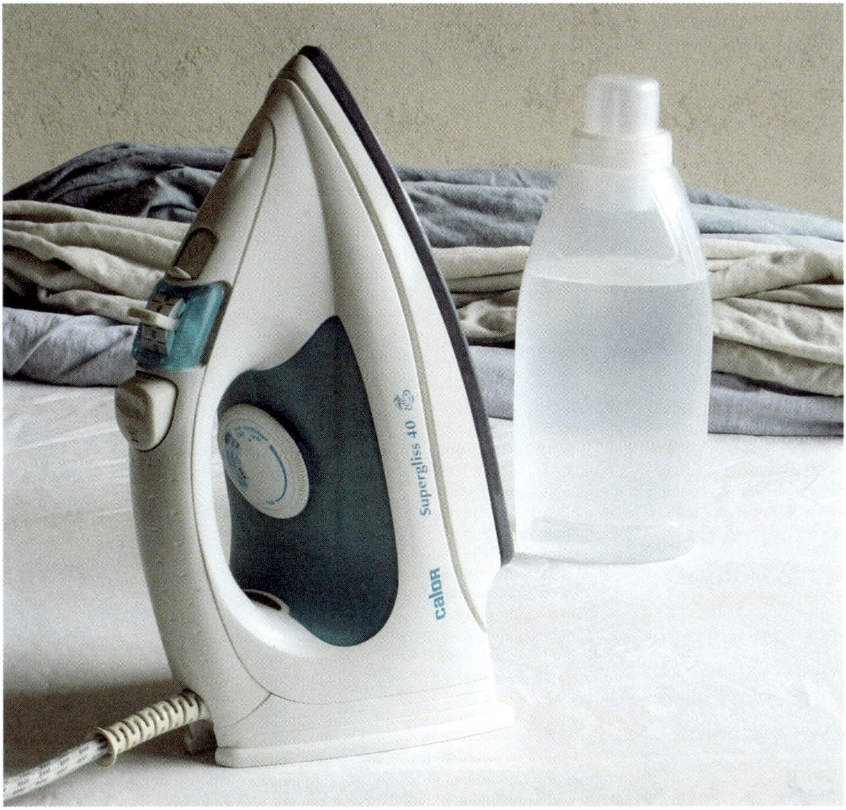

laverie et pressing

Les alternatives respectueuses de l'environnement existent pour le nettoyage des tissus et des taches, même à sec.

Laverie écologique

Les services sont les mêmes que dans une laverie automatique classique : machines à laver moyenne ou grande capacité en libre service (spéciale couettes, rideaux), séchoirs, centrale de paiement, doses de lessives ou d'assouplissants.
Les détergents proposés sont écologiques ou naturels (lessives au savon de Marseille, noix de lavage). Quand c'est possible, l'eau est adoucie pour atteindre le taux idéal de 12 et 17 ° TH de calcaire, permettant l'optimisation de l'efficacité des lessives. Les machines sont économes en eau ; l'essorage est maximisé pour un séchage du linge plus rapide.

Pressing bio

Aqua Cleaning

Un procédé de lavage en milieu aqueux pour vêtements et tissus délicats. Ce modèle fait des émules aux États-Unis.

Le nettoyage au CO2 liquide

Dans ce procédé, développé par l'Agence pour l'environnement américaine (EPA), le CO2 est incorporé sous forme liquide à un détergent non toxique. Voilà un débouché inattendu et prometteur.

Le siloxane ou Green Earth

Ce solvant à base de silicone, développé par Procter et Gamble, est sans odeur. Il ne produit pas de vapeurs toxiques et est aussi efficace que le perchloréthylène actuellement utilisé. Cependant, cette technologie n'a pas encore reçu de label vert américain.

La chasse au solvant

Le solvant perchloréthylène est classé comme cancérigène probable pour l'homme. Une étude menée par l'Institut national de recherche et de sécurité (INRS) indique que de nombreuses personnes sont exposées aux émanations de ce solvant ; particulièrement celles travaillant dans un environnement proche d'un pressing.
En janvier 2007, la Californie a voté une loi visant au retrait progressif des machines de nettoyage à sec au perchloroéthylène.

Certaines de ces laveries nouvelle génération proposent des accès wi-fi, des revues écologiques, de la documentation verte. À quand le libre-service de thé bio?

MACHINE
N° 12
MACHINE
N° 13

lessive liquide et en poudre

À base de savon de Marseille, ces recettes très économiques lavent le blanc et la couleur en profondeur et en douceur. Les huiles essentielles parfument agréablement le linge.

Lessive liquide pour le blanc

Ingrédients pour 3 litres

- eau
- savon de Marseille
- bicarbonate
- huile essentielle de citron

1. Râper 35 à 40 g de savon de Marseille. La dose de savon dépendra de la consistance désirée pour la lessive (fluide ou épaisse). Faire des copeaux assez fins, pour que le savon se dilue facilement.

2. Jeter les copeaux en pluie avec 3 cuillères à soupe de bicarbonate dans 1 litre d'eau très chaude. Mélanger puis laisser reposer une heure.

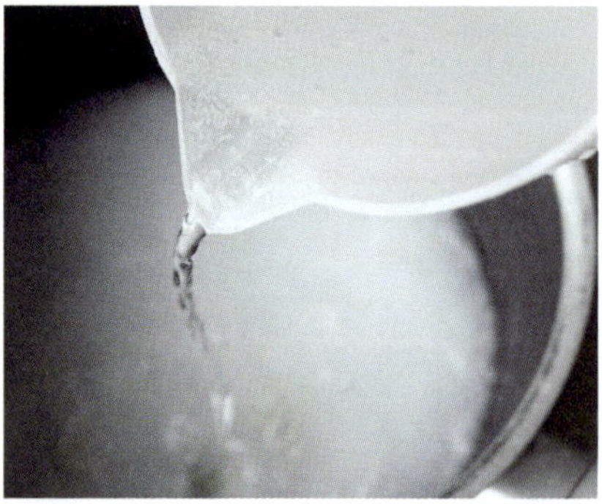

3. Allonger avec 1 litre d'eau tiède et mettre en bidon (3 litres) à l'aide d'un entonnoir. Filtrer s'il reste quelques morceaux de savon. Parfumer avec une dizaine de gouttes d'huile essentielle de citron.
4. Le lendemain, allonger à nouveau la lessive – qui aura bien épaissi – avec 1 litre d'eau froide. Secouer bien le bidon pour tout mélanger. C'est prêt!

Lessive liquide pour la couleur

Ingrédients pour 3 litres

- eau
- savon de Marseille
- cristaux de soude
- huile essentielle de citron

Remplacer le bicarbonate par 3 cuillères à soupe de cristaux de soude. En plus de raviver les couleurs, ils entretiennent la machine.
Utiliser 1 à 2 dl de lessive par machine en fonction de la saleté du linge.
Verser le liquide dans le compartiment lessive ou dans une boule en plastique dans le tambour.

Attention !
Si vous utilisez des couches lavables, la glycérine contenue dans le savon de Marseille des lessives les imperméabilise.
Il faut utiliser du savon de Marseille sans glycérine.
De plus, le vinaigre contenu dans l'assouplissant peut abîmer les élastiques en caoutchouc, il est préférable d'opter pour des élastiques en lastin.

Lessive en poudre pour blanc et couleur

Ingrédients pour 500 g

- savon de Marseille
- bicarbonate
- cristaux de soude
- poudre de racine d'iris
- huile essentielle d'arbre à thé

1. Râper ou passer dans une moulinette 200 g de savon de Marseille. Les grains obtenus doivent être assez fins.
2. D'autre part, piler 150 g de cristaux de soude, y ajouter 150 g de bicarbonate. Mélanger bien les deux poudres et le savon.
3. Pour parfumer, imbiber 10 g de poudre d'iris avec 10 gouttes d'huile essentielle d'arbre à thé. À défaut de poudre d'iris, imbiber 10 g de bicarbonate.
4. Mélanger soigneusement le tout dans une boîte hermétique.
5. Récupérer une dose pour le café ou une dosette pour mesurer la poudre. Verser ½ à 1 dose de poudre dans le compartiment lessive de la machine, en fonction de la saleté du linge.

5

le salon

dépoussiérant

À base de savon et d'eau, ce dépoussiérant va emprisonner la poussière tout en nettoyant la surface.

Ingrédients

- **eau**
- **savon Noir**
- **huile essentielle de pamplemousse**

1. Verser dans un flacon équipé d'un vaporisateur, 1 litre d'eau dans lequel aura été diluée une noisette de savon noir.
2. Ajouter dans le mélange 5 à 10 gouttes d'huile essentielle de pamplemousse pour le parfum. 3.
3. Secouer le flacon.
4. Vaporiser sur la surface à nettoyer. Passer ensuite un chiffon en microfibre. Toute la poussière est enlevée. La structure du tissu en microfibre attire et retient la poussière. La microfibre est également plus absorbante qu'un tissu classique. Les torchons en microfibre se lavent en machine entre 40 et 90 °; se référer au marquage.

huile protectrice

L'huile de lin ou de chanvre nourrissent merveilleusement le bois. Cette huile servira à protéger et entretenir les meubles, les boiseries, les lambris et les parquets.

Ingrédients

- **huile de lin ou de chanvre**
- **essence de térébenthine**
- **savon noir (facultatif)**

1. Dans un bidon, mélanger 0,9 litre d'huile avec 0,1 litre d'essence de térébenthine. Ajouter une noisette de savon liquide. Mélanger l'ensemble.
2. Verser un peu d'huile nourrissante sur un chiffon et frotter le meuble.

3. Une fois l'huile sèche, faire reluire avec un tampon de laine.

encaustique

Cette préparation, qui mêle cire d'abeille et essence de térébenthine, nourrit le bois en profondeur.

Ingrédients
- **cire d'abeille**
- **essence de térébenthine**

1. Placer 150 g de cire d'abeille dans un bocal en verre, et la faire fondre au bain-marie.
2. Hors du feu, diluer la cire fondue avec 2 fois son volume d'essence de térébenthine. Utiliser un bâton en bois et remuer doucement le mélange.
3. En refroidissant, la préparation va se figer et devenir pâteuse. Fermer le couvercle pour conserver l'encaustique.

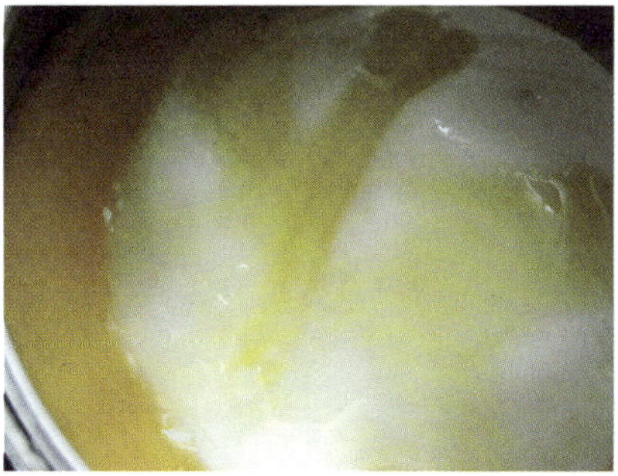

4. Au moment de l'utilisation, prélever un peu de pâte et l'appliquer au chiffon sur le meuble, le parquet, la porte. Faire reluire avec un chiffon de laine.

astuce

On peut diluer l'encaustique avec un peu de white-spirit pour l'appliquer au pinceau.

Choisir la bonne essence de térébenthine

L'essence de térébenthine est siccative et accélère le séchage. Attention, issue d'une résine naturelle, elle peut s'avérer allergisante. Les pins d'Europe du Nord contiennent naturellement une substance pouvant déclencher de l'eczéma (on parle d'eczéma du peintre) : le delta-3-carène. Les pins du Sud de l'Europe en sont exempts. C'est pourquoi, il est préférable de choisir une essence de térébenthine « pure gemme » du Portugal. C'est celle-ci que les fabricants de produits naturels utilisent généralement.

hi-fi, ordinateurs, écrans

Le matériel hi-fi, les ordinateurs et les écrans ont besoin d'être dépoussiérés et nettoyés régulièrement.

Ingrédients

- **eau**
- **produit vaisselle (cf. recette p. 22)**

1. Dans 1 litre d'eau, diluer quelques gouttes de produit vaisselle.
2. Verser ce mélange dans un vaporisateur. Secouer avant d'utiliser.
3. Vaporiser sur les surfaces à nettoyer et passer un chiffon en micro-fibre.

> **Attention !**
> Sur les surfaces fragiles et les écrans, éviter absolument l'alcool et les solvants.

L'unité centrale d'un ordinateur doit être placée dans un espace suffisamment ventilé et régulièrement nettoyé. Éviter de la coincer dans un coin ou contre une paroi. L'idéal est de se procurer un socle ouvert, spécial unité centrale, muni de roulettes, pratique à déplacer. Veiller à dépoussiérer l'unité centrale avec une bombe spéciale informatique.

Les claviers d'ordinateurs : zone à haut risque

Une étude a dénombré autant de microbes et de bactéries sur les claviers d'ordinateurs de bureau que sur les cuvettes de toilettes. Nourriture, poussières, résidus, pellicules, tout cela s'installe sur et entre les touches.

Pour nettoyer le clavier

Éteindre l'ordinateur, retourner le clavier ou le portable et le tapoter doucement. Passer ensuite une soufflette, puis l'aspirateur équipé d'un petit embout. Verser un peu d'alcool ménager sur un chiffon et le passer sur l'ensemble de clavier.

Ces précautions valent également pour les combinés de téléphone, les interrupteurs et les poignées de portes.

2000:1
Digital
Fine
Contrast
ENERGY STAR
2ms
Poste de travail
Donnees (D:)

tapis et rideaux

Les tapis, canapés, fauteuils et rideaux ont besoin d'être entretenus régulièrement pour chasser la poussière, les taches. Cela garantit un environnement sain dans les pièces à vivre.

Tapis

1. Secouer les tapis avant de les saupoudrer du bicarbonate.
2. Frotter avec une brosse en chiendent pour faire pénétrer, laisser poser 1 heure et aspirer. Cela ravive les couleurs et nettoie les fibres des tapis en profondeur.
3. Pour les taches rebelles, appliquer de l'eau gazéifiée ou tamponner la zone avec une solution de vinaigre et d'eau savonneuse.

astuce

La tapette à tapis est passée de mode mais maniée vigoureusement elle fait tomber efficacement la poussière.

Canapés

1. Enlever les coussins, les secouer, les aérer. Laver les housses si c'est possible. Passer l'aspirateur (avec le petit embout) dans l'assise et la structure du canapé.
2. Préparer une eau tiède savonneuse, y ajouter un peu de bicarbonate et de vinaigre. Passer un chiffon humidifié avec ce mélange sur les accoudoirs, le dossier, les coussins, etc. Laisser sécher et passer une brosse pour enlever les poussières.

entretenir les cuirs

Les cuirs des sofas ou des fauteuils ont besoin d'être nourris pour garder leur beauté. Une huile nourrissante les aidera à bien vieillir, à se patiner souplement.

Huile protectrice

Ingrédients

- **huile de lin**
- **savon de Marseille**
- **glycérine**

1. Faire fondre 10 g de savon de Marseille en copeaux dans 2 dl d'huile de lin tiédie.
2. Ajouter 0,5 dl de glycérine. Mélanger et mettre dans une petite bouteille.
3. Appliquer l'huile avec un chiffon doux.

Cirage nourrissant

Ingrédients

- **cire d'abeille**
- **essence de térébenthine**
- **huile de lin ou de chanvre**

1. Tiédir 50 g de cire d'abeille au bain-marie. D'autre part, verser 1 dl d'essence de térébenthine dans un bocal en verre.
2. Quand la cire est tiède, la verser sur la térébenthine, ajouter 0,5 dl d'huile de lin et mélanger.
3. Verser dans une ancienne boîte à cirage. Laisser refroidir : le mélange va se figer. On peut teinter son cirage à volonté avec des pigments naturels.

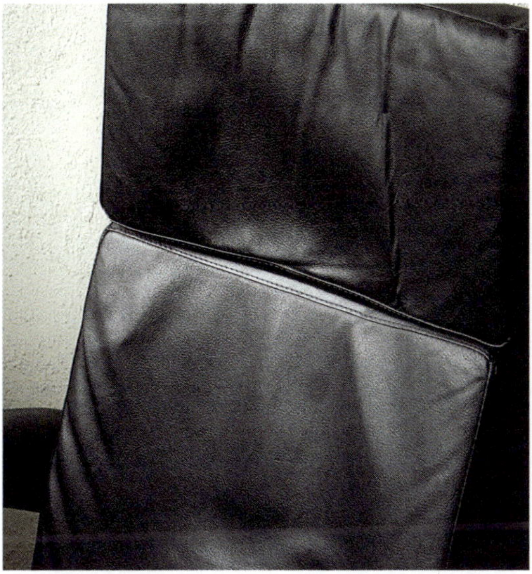

Huile de pied de bœuf

Cette huile naturelle, faite à partir des tibias de bœuf, nourrit le cuir en profondeur et l'assouplit au bout de 24 heures. On en trouve au rayon équitation des enseignes de sport (protection des selles). Cette huile étant légèrement acide, utiliser en alternance avec les cirages. L'odeur de l'huile, un peu musquée, disparaît en quelques heures.

6

les sols

les sols carrelés et en ardoise

Les sols carrelés s'entretiennent facilement. L'ardoise est naturelle, résistance, anti-statique, elle doit néanmoins être traitée avec douceur pour bien vieillir.

Les sols carrelés

Produit nettoyant pour carrelages

Le savon noir nettoie et désinfecte en douceur ; l'huile de lin rend les sols carrelés brillants et sature les tomettes.

Ingrédients

- eau
- huile de lin
- savon noir
- huile essentielle d'arbre à thé

1. Dans un bidon de 2 litres, mélanger 0,75 l de savon noir et 0,5 l d'huile de lin.

2. Délayer avec 0,5 litre d'eau.
3. Ajouter 30 gouttes d'huile essentielle d'arbre à thé.
4. Secouer le bidon avant utilisation. Diluer 1 à 2 bouchons de ce produit dans 1 demi-seau d'eau chaude pour laver le sol.

Les sols en ardoise

Entretien courant

Laver avec du bicarbonate de soude dissous dans l'eau. Éviter le savon qui risque de laisser un film gras.

Faire briller

Après un bon lavage, passer deux couches de cire sans silicone (pour ne pas boucher et encrasser la surface) en lustrant vigoureusement avec un chiffon doux.

Enlever les traces blanchâtres

Laver le sol au savon noir dosé fortement (2 verres pour 10 l d'eau) et 1 verre d'huile de lin. Frotter avec une brosse de chiendent. Rincer. Lustrer ensuite avec un chiffon doux. Retraiter dès que les traces réapparaissent.

sols encrassés

Pour laver les sols encrassés, très tachés ou très gras (type carrelages de cuisine inaccessibles), essayez ces mélanges.

Recette aux cristaux de soude

Ingrédients

- **eau**
- **cristaux de soude**
- **savon noir**

1. Dans 2 litres d'eau très chaude, disperser 4 cuillères à soupe de cristaux de soude et verser 1 bouchon de savon noir.
2. Répandre le liquide et frotter avec un balai brosse. Laisser agir 1 heure et rincer.

Recette aux pommes de terre

Conserver l'eau de cuisson des pommes de terre. La verser, chaude, sur le carrelage encrassé. Frotter avec une brosse de chiendent. Laissez agir 10 minutes ; l'amidon des pommes de terre absorbera les graisses et les salissures. Passer une serpillière pour éponger. Rincer abondamment à l'eau claire. Laisser sécher.

Truc anti-rouille

Si le carrelage a été taché par la rouille (pieds d'électro-ménager ou de cuisinière), verser du vinaigre sur la zone et laisser agir une nuit.

Joints noircis

Verser sur les joints du jus de citron pur. Laisser agir une heure ou deux. Frotter les endroits noircis avec une vieille brosse à dents. Reverser éventuellement du jus de citron.

Ne pas utiliser ces recettes pour décrasser un plancher en chêne ou en châtaignier, il noircirait. Utiliser plutôt de l'essence de térébenthine et du savon noir dilués dans de l'eau. Le mélange dégraissera et détachera le bois.

la terre cuite

Les tommettes et les sols en terre cuite, matériaux poreux, ont besoin d'être saturés de temps à autre avec de l'huile de lin. L'entretien courant se fait le plus souvent avec du savon noir.

Entretien annuel

Mélanger 1 dl d'huile et 2 dl de térébenthine. Faire tiédir ce mélange à feu doux dans une casserole couverte. Passer ce liquide au pinceau large sur les tommettes. Elles seront ravivées et protégées pour longtemps.

Attention !
Prudence en chauffant le mélange. Stopper le feu dès que la préparation commence à fumer.

Entretien courant

La coloration ayant tendance à pâlir au fil des années, laver le sol avec du savon noir. Et pour raviver encore la couleur, passer une première couche de cire incolore, puis une seconde de cire plus foncée que les tomettes. Laisser sécher quelques heures, puis polir avec un large chiffon de laine.

Anti-taches

Ne pas attendre pour agir, sinon la tache va s'incruster. Laver avec de l'eau chaude additionnée de lessive St-Marc (5 cuillerées à soupe pour un seau d'eau). Si certaines taches résistent, renouvelez l'opération en frottant à la brosse de chiendent les taches les plus récalcitrantes avec du vinaigre blanc chaud.

Taches grasses

Saupoudrer de la terre de Sommières. Laisser agir 12 heures. Laver ensuite au savon de Marseille en paillettes (très concentré avec de l'eau très chaude). Laissez sécher.

Traces blanches

Laver le sol avec de l'eau très chaude additionnée de vinaigre blanc d'alcool. Rincer et laisser sécher.

entretien des parquets

Vernis, huilés, cirés, les parquets ont besoin d'être entretenus tous les ans environ pour garder toute leur beauté. Pour l'entretien hebdomadaire, une eau savonneuse suffit.

Entretien hebdomadaire

Ingrédients

- **eau**
- **savon noir**
- **vinaigre**

1. Dans un seau de 2 litres d'eau chaude, verser 2 bouchons de savon noir et 1 bouchon de vinaigre.
2. Passer une serpillière légèrement humidifiée avec ce mélange.

Entretien annuel du parquet verni ou vitrifié

Ingrédients

- **eau**
- **polish (ou raviveur)**

Le polish se trouve dans les grandes surfaces de bricolage. Diluer 2 bouchons dans un seau d'eau chaude. Appliquer à la serpillière, sans rincer. Prévoir ce traitement quand le vernis perd de sa brillance.

Entretien annuel du parquet huilé

Ingrédients

- **huile de lin**
- **cire d'abeille liquide**
- **essence de térébenthine**

1. Laver le plancher avec de l'eau très chaude et laisser sécher.
2. Pendant ce temps, préparer dans un seau 0,5 litre d'huile de lin, 0,5 litre de cire d'abeilles et 0,5 litre d'essence de térébenthine.
3. Mélanger et appliquer généreusement à la brosse large.

On peut finir par une couche de cire d'abeilles.

En cas de taches d'eau ou de décolorations, utiliser le même mélange. En cas de rénovation, si le plancher a été poncé, utiliser cette préparation en l'appliquant au moins trois fois pour saturer les pores du bois.

Entretien annuel du parquet ciré

Cette finition a tendance à disparaître ; son entretien s'avère délicat. Encaustiquer le parquet tous les 6 mois à 1 an. Voir la recette de l'encaustique page 73. Frotter ensuite avec un chiffon de laine.

laver les sols en fibres naturelles

Jute, coco, sisal, jonc de mer, se marient parfaitement avec les tendances d'aujourd'hui. L'entretien de ces tapis et moquettes est relativement facile.

Pour dépoussiérer
L'aspirateur équipé d'une brosse souple est très efficace. Sinon, un balai en paille fera l'affaire.

Pour l'entretien
Passer une serpillière humide suffit au quotidien. Laisser sécher fenêtres ouvertes, si possible.

Taches
Diluer un peu de savon noir et de vinaigre dans un peu d'eau chaude. Frotter avec une éponge légèrement humide.

Humidification
Les fibres naturelles se plaisent dans un milieu plutôt humide – même si cela peut sembler contradictoire. Le jonc de mer a besoin d'être légèrement humidifié avec une serpillière tous les mois pour garder sa beauté et sa souplesse. C'est pourquoi ce revêtement se plaît dans les salles de bains. Attention néanmoins aux flaques d'eau qui pourraient laisser des auréoles. Prévoir des tapis au pied des baignoires et des douches.

Sols naturels et bambins
Cela peut être une fausse bonne idée de faire cohabiter des enfants en bas âge avec un sol en fibres naturelles. Le relief dû au tissage et les fibres rugueuses peuvent marquer la peau sensible des enfants. Quant aux petits accidents et aux catastrophes, la nature du sol pourra compliquer le nettoyage; enlever du vomi sur un sol tressé... À réserver donc au bureau et à la chambre des adultes.

moquettes et sols en liège

Retour en force de ces revêtements sains et simples à entretenir. Le liège, isolant et esthétique, est un matériau d'avenir dont les dalles se nettoient comme les planchers en bois.

Nettoyer les moquettes

Entretien hebdomadaire

Passer l'aspirateur dans le sens vertical, puis horizontal pour aspirer la poussière entre toutes les fibres.

Entretien saisonnier

Pour 10 m^2 : prévoir 250 g de bicarbonate de soude et 250 g d'argile blanche.

1. Saupoudrer ce mélange sur le sol.
2. Frotter avec une brosse douce pour faire pénétrer.
3. Après avoir laisser poser 3 heures, passer l'aspirateur.
4. Frotter avec un écosolvant (ou un peu de vinaigre) pour raviver les couleurs et l'éclat.

Laver les sols en liège

Entretien quotidien

Passer l'aspirateur en utilisant une brosse souple en position haute (pour éviter de rayer avec le patin).

Entretien hebdomadaire

Dans un seau d'eau chaude, verser 2 bouchons de savon noir. Passer la serpillière humide sur le sol.

7

les objets anciens

la faïence

La vaisselle en faïence se tache ou se ternit au fil du temps. Quelques astuces pour lui redonner de l'éclat.

Vaisselle marbrée, veinée, tachée

Ingrédients

- **eau**
- **cristaux de soude**

Dans une bassine d'eau chaude, dissoudre 4 cuillères à soupe de cristaux de soude. Laisser tremper la vaisselle dans ce mélange pendant 2 à 3 heures. Rincer soigneusement.

Vaisselle terne

Ingrédients

- **eau**
- **liquide vaisselle**
- **vinaigre**

Diluer un peu de liquide vaisselle (voir recette p. 22) et 2 dl de vinaigre dans de l'eau chaude. Frotter les objets avec ce mélange. Rincer.

Vaisselle cassée

Un artisan spécialisé peut effectuer des réparations sur un plat en faïence ancienne si l'objet s'est brisé proprement. Dans ce cas, des agrafes sont placées en dessous de la faïence; le dessus est rempli d'un mortier colle et repeint. La réparation devient invisible, l'objet peut être à nouveau utilisé même pour servir des plats en sauces.

Vaisselle ébréchée

Pétrir une poignée de fleur de farine de froment avec un peu d'eau, de manière à obtenir une pâte ferme. Continuez à pétrir cette pâte sous un robinet d'où s'écoule un mince filet d'eau. Lorsque l'eau coule à nouveau claire et limpide, cela signifie que la pâte est changée en gluten, colle d'une solidité extraordinaire qui convient à la restauration des faïences. Utiliser cette pâte pour combler les éclats et ébréchures.

la porcelaine

Fragile et délicate, elle doit être lavée à la main avec un détergent doux et naturel. Si elle est dorée ou peinte à la main, ne jamais utiliser de tampon récurant.

Laver la porcelaine
Dans une bassine d'eau chaude, mélanger une noisette de produit vaisselle et 2 cuillères à soupe de vinaigre. Laver, rincer, essuyer la vaisselle avec un torchon en coton.

Détacher la porcelaine
Pour enlever les taches de thé ou de café au fond des tasses, prendre un bouchon de liège et faire tremper dans de l'eau additionnée de sel fin. Frottez le bouchon sur les taches.

Réparer la porcelaine recollée
Pour redonner un aspect intact aux porcelaines cassées et recollées, enduire les fêlures avec du lait et laisser sécher.

Ma théière est culottée
Les théières – quel qu'en soit le matériau – ne doivent jamais être lavées au lave-vaisselle ou avec un détergent (même naturel), mais simplement vidées, rincées et séchées à l'envers sur un égouttoir.

Faut-il enlever le tanin qui culotte la théière ou pas ?
Grande question qui départage les inconditionnels de thé : les accros des théières en terre cuite s'opposant aux amateurs de porcelaine. En Extrême-Orient, les amateurs de thé dédient même une théière « à mémoire » par type de thé et sont partisans du tanin qui culotte leurs théières. Pour ceux qui préfèrent la porcelaine sans tanin : remplir la théière d'eau bouillante additionnée de 2 cuillerées à soupe de bicarbonate de soude et laisser reposer toute une nuit. Rincer et laisser la théière s'égoutter.

la verrerie

Les objets en verre sont fragiles et doivent être entretenus avec précaution.

Les verres anciens

Ingrédients

- **eau**
- **liquide vaisselle**
- **vinaigre**

1. Laver toujours ces verres à la main dans une bassine d'eau chaude additionnée de liquide vaisselle et de vinaigre.
2. Rincer et essuyer soigneusement avec un torchon en coton qui ne peluche pas.

Le cristal

Ingrédients

- **eau**
- **gros sel**
- **vinaigre**

1. Pour nettoyer le fond des carafes de cristal, dissoudre une poignée de gros sel et un peu de vinaigre dans 1 litre d'eau.
2. Laisser agir une demi-heure, rincer. En principe, les traces de calcaire ont disparu.
3. Si elles résistent, chauffer le vinaigre, et versez-le prudemment, petit à petit, dans la carafe.

Les pendeloques de lustres

Ingrédients

- **alcool ménager ou à brûler**

Frotter les pendentifs avec de l'alcool ménager et un torchon lisse en microfibre imbibé d'alcool ménager.

l'argenterie

L'argenterie nécessite quelques soins pour garder son éclat et conserver une belle patine. Voici quelques-unes des (nombreuses) recettes d'entretien. Elles sont toutes à base de produits légèrement abrasifs.

Le dentifrice
Frotter l'argenterie avec du dentifrice. Rincer et essuyer avec un chiffon doux.

La cendre de bois
Mélanger de la cendre de bois dans un peu d'eau. Polir l'argenterie avec ce mélange.

Électrolyse

Porter à ébullition une casserole d'eau, une poignée de gros sel et une lanière de papier d'aluminium. Plonger dans la casserole les objets argentés, laisser bouillir quelques instants, puis polir avec un chiffon doux. Sous l'effet de l'électrolyse, l'aluminium va attirer toutes les saletés déposées sur l'argenterie.

Le blanc de Meudon
Délayer du blanc de Meudon dans un peu d'eau. Frotter les objets argentés avec cette pâte crayeuse.

Le sel fin
Mélanger du produit vaisselle et du sel en parts égales. Frotter ce mélange sur les objets.

La levure
Délayer 2 paquets de levure pour gâteaux dans un bol d'eau tiède. Laisser les levures se décanter 15 minutes et passer sur l'argenterie.

Le bicarbonate
Diluer 2 cuillères à soupe de bicarbonate dans un peu d'eau. Frotter avec une éponge douce ce mélange.

le marbre

Le marbre est une pierre naturelle très sensible aux acides et qui se raie facilement. C'est pourquoi son entretien nécessite quelques précautions.

Entretien courant
Dépoussiérer et nettoyer au savon noir et à l'eau ou à la lessive St-Marc très diluée.

Marbre blanc
Pour l'entretenir et le maintenir blanc, polir le marbre avec une pâte composée de blanc de Meudon et d'une dissolution de cristaux de soude. Étaler en couche épaisse, nettoyer et essuyer au bout d'une heure.

Attention !
Ne jamais utiliser d'eau de Javel ou d'acide, y compris le vinaigre sur les marbres.

Anti-taches
Un demi citron saupoudré de sel. Se servir du citron comme d'un tampon pour frotter les taches. Laisser agir 10 minutes. Rincer à l'eau chaude.

Encre
Se procurer de l'eau oxygénée diluée à vingt volumes (à acheter en pharmacie). Imbiber un chiffon du liquide et frotter la tache, recommencer plusieurs fois au besoin.

Graisses
Faire une pâte épaisse de blanc d'Espagne et de bicarbonate de soude. Appliquer sur la tache, laisser reposer une nuit si possible. Au matin, rincer, sécher, cirer, polir...

Peinture
Utiliser de l'eau savonneuse. Si la tache est ancienne et épaisse, un peu de pierre ponce en poudre peut constituer un abrasif doux idéal.

Rouille
Essayer à l'eau oxygénée diluée à raison de 1 vol. pour 20 d'eau. Ce type de taches est difficile à enlever. Demander conseil à un professionnel.

Protection
Le marbre ciré sera mieux protégé. Utiliser une cire à base de carnauba. Après la pose de la cire, laisser absorber et passer un chiffon doux.

8

annexes

les matériaux

Certains matériaux permettent de rendre plus sain son intérieur. Des choix écologiques peuvent être faits en matière d'ameublement et de revêtements. Le but est d'éviter l'émission de solvants et de cov.

Les meubles

Choisir des meubles en bois massif brut. Éviter les agglomérés, les placages, les bois collés et pressés, les finitions vernies ou laquées. Ikéa propose par exemple des meubles en pin massif brut à peindre, très abordables, qui pourront être huilés, cirés ou peints avec des finitions naturelles.
Ces meubles seront durables, sans impact négatif sur l'air ambiant et l'environnement. Au contraire, le bois massif apporte de la sérénité dans une pièce.

Les sols

Lors de l'achat de revêtements de sol, réfléchir au mode de fixation. Si la colle s'avère indispensable, privilégier les colles écologiques. Sinon, du scotch double face, des clous (planchers) ou une simple pose peuvent faire l'affaire.
Dans tous les cas, choisir des matériaux naturels, n'ayant pas subi de traitements chimiques ou toxiques (demander des informations claires aux revendeurs). Proscrire les parquets vitrifiés, les dalles PVC.

Les murs

Aller au plus simple : préférer les enduits et peintures écologiques, les papiers peints non vinyliques. Supprimer les tissus muraux, les crépis solvantés.

Le label FSC (Forest Stewardship Council) garantit que le bois provient de forêts gérées de façon durable. Cette écocertification est la plus haute norme écologique, sociale et économique d'exploitation forestière.
Les organisations écologiques mondiales œuvrent avec la filière professionnelle du bois pour que la norme FSC s'applique à l'ensemble des forêts de la planète (source : greenpeace).

Les tissus d'ameublement

Ils sont anti-taches, imperméabilisés, infroissables, teints... Ces procédés peuvent diffuser pendant longtemps des substances nocives.
Il faut être vigilant lors de l'acquisition d'un canapé, d'une paire de rideaux ou de linge de lit. Se diriger plutôt vers le coton, le lin, les toiles naturelles, teintes respectueusement, les tissus bio.

CONFIANCE TEXTILE Contrôle de substances indésirables
d'après Oeko-Tex Standard 100
No. 00000000 Institut

La certification Oeko Tex «Confiance Textile»

Elle contrôle les substances indésirables dans les textiles, particulièrement dans ceux qui sont près du corps : linge de lit, de toilette, sous-vêtements.
On retrouve cette certification rigoureuse et internationale aussi bien chez des éditeurs de tissus prestigieux que chez le discounter Lidl.

Les objets de décoration

L'osier, le carton, le bois, le papier, tous les matériaux éco chics sont bienvenus et créent une ambiance cosy. Cela n'empêche ni la gaîté ni la créativité. Pour les objets que l'on a envie de renouveler souvent, consommer à volonté le papier et le carton, qui sont facilement recyclables. Pour les objets plus durables, tels les lampes, les tables, choisir la pierre, le bois, le métal...

Le réflexe de la récup'

Emmaus, les emcombrants, les brocantes, les salles des ventes : ce sont des sources précieuses d'objets solides, originaux, décalés, patinés par le temps....

les économies d'énergie

Les énergies et les ressources naturelles sont précieuses, il faut les économiser.

L'eau

• Équiper les robinets et la douche d'embouts réducteurs de débits et de mousseurs. L'eau aérée procure une impression de grand débit, tout en le réduisant.

• Installer sur les toilettes une chasse d'eau à double débit. Il existe des kits prêts à l'emploi en magasins de bricolage ; il n'y a pas de besoin de changer le réservoir.

• Entretenir les robinets, changer les joints, surveiller les fuites. Préférer les lave-linge et lave-vaisselle de classes AAA peu gourmands en énergie et en eau. Quand c'est possible, utiliser les programmes économiques.

Ces mesures changent significativement la consommation d'eau. En complément, l'idéal serait de pouvoir recycler ses eaux de lavage (douches, lavabos) pour le linge ou le ménage (eaux grises). Et surtout d'intégrer la récupération des eaux de pluie (eaux vertes) dans la construction ou la rénovation des logements collectifs ou individuels.

L'électricité

• Changer les ampoules classiques par des ampoules économiques. L'économie d'énergie (70 %) est conséquente, le prix de ces ampoules reste néanmoins plus élevé. En 2012, les ampoules à filaments auront disparu du marché.

• Brancher tous les appareils qui restent en veille (hi-fi, ordinateurs, lecteurs dvd) sur des prises munies d'interrupteurs.

• Faire tourner les appareils ménagers la nuit quand les tarifs électriques sont plus bas.

Il existe des fournisseurs d'électricité verte, produite à partir de sources d'énergies renouvelables : éolienne, marée-motrice, ou solaire.

En France, comme partout en Europe, le marché de l'énergie est ouvert à la concurrence depuis le 1er juillet 2007. Cela signifie concrètement que chaque personne peut choisir librement le fournisseur d'électricité de son choix.

Or, d'après une étude SOFRES menée en janvier 2008, le message n'est pas passé. L'information a t-elle été mal relayée ?

La communication mauvaise ou mal ciblée ? Les personnes interrogées ignoraient cette possibilité ou ne se sentaient pas concernées.

Une charte européenne des droits des consommateurs d'énergie a été adoptée en juin 2008. Elle vise à une protection efficace des citoyens vulnérables ; à une meilleure information des consommateurs ; à moins de barrières administratives lors du changement de fournisseur et à la protection des consommateurs contre les pratiques de vente déloyales.

Le chauffage

• Baisser le chauffage de 1 ou 2 degrés, surtout dans les chambres, où une ambiance trop sèche et chaude nuit au sommeil.

• Équiper les fenêtres de doubles rideaux épais.

• Quand c'est possible, utiliser un mode de chauffage écologique. Il existe pour cela des incitations fiscales intéressantes.

Bibliographie

- *Le Larousse ménager*, collectif, Larousse, 1931
- *Le Guide du tout propre*, Claudine Wayser, Solar, 2004
- *Le Grand Ménage*, Raffa, Soliflore, 2008
- *Les Vertus miraculeuses du vinaigre*, Gérard Lambert - Edimag, 2008

Pour aller plus loin

- simplicitevolontaire.bbfr.net (forum)
- raffa.grandmenage.info (recettes ménage écolo)
- eco-bio.info (actualites, forum)
- fr.ekopedia.org (encyclopédie pratique)
- noix-de-lavage.be (noix de lavage)
- aqualogia.eu (pressing bio)
- aroma-zone.com (recettes de parfums et de cosmétiques)

Carnet d'adresses

Accessoires ménagers

- Brosse, chiffonnettes en microfibre

H2O - h2o.fr

- Éponges

Spontex - spontex.fr

- Biowashball

Hao Pi - patch-haopi.com

Objets de décoration

- Pot faïence

Casa : casashops.com

- Set plantation Barbapapa

Naturellement Déco : naturellement-deco.com

- Linge de maison écologique

Couleur Chanvre : couleur-chanvre.com

- Sols en fibres naturelles

Espace Revêtements : espacerevetements.com

Remerciements

Ils m'ont donné un conseil, une recette, un avis, un truc.
Ils m'ont prêté un objet, une photo, une idée.
Qu'ils – et elles – soient chaleureusement remerciés ici.

Gérard IMBERT
pour la Biowhashball
patch-haopi.com

Sandra BERTIN
pour le Barbapapa
naturellement-deco.com

Maryvonne et Marc SALLANTIN
pour les objets anciens

Francis DEPRIESTER
pour la lessiveuse
museeagricole.botans.free.fr

collection « tout beau tout bio »

cuisine

zéro déchet dans ma cuisine !
G. Olivo/D. Paslin

fromages et laitages naturels faits maison
M.-C. Frédéric/G. Stutin

guide de substitution au gluten
G. Olivo/M. Gauthier-Moreau

boissons fermentées naturelles
M.-C. Frédéric/G. Stutin

aliments fermentés, aliments santé
M.-C. Frédéric/G. Stutin

se nourrir au naturel
A.-L. Jaffrelo

petit végétarien gourmand
M. Laforêt/L. Ringot

déshydrater les aliments
C. Moreau

- **les algues au naturel**
  K. Onishi/M. Calmon/O. Picard
- **boulangerie au naturel**
  L. Louis/O.Picard
- **calcium végétal**
  G. Olivo/M. Gauthier-Moreau
- **les superaliments**
  M. Laforêt
- **plantes sauvages à ma table**
  O. Picard
- **100 recettes au naturel**
  A. Geers/O. Degorce
- **100 % végétal et gourmand**
  M. Laforêt

santé & beauté

la cosméto' au naturel
L. Dupaquier

25 huiles essentielles pour (presque) tout faire
A.-L. Jaffrelo

l'aromathérapie des petits
A.-L. Jaffrelo

- **en forme au naturel**
  A.-L. Jaffrelo
- **la pharmacopée naturelle**
  S. Bourgarel

collection « tout beau tout bio »

maison & jardin

le ménage au naturel
N. Boisseau

peindre et décorer au naturel t. 1
N. Boisseau

peindre et décorer au naturel t. 2
N. Boisseau

créations au naturel
N. Boisseau

mon potager tranquille
P. Beucher

zéro pesticide dans mon jardin
P. Beucher

la chambre de bébé au naturel
N. Boisseau

la peinture suédoise
N. Boisseau

végétaliser les mini-espaces urbains
L. Garcias

loisirs créatifs

activités écolo pour les enfants
Nathalie Boisseau

instruments de musique en papier et carton
M. Vandervorst

jouets de fortune
M. et B. Vandervorst

la vannerie dans tous ses états
S. Bégot

teindre au naturel
N. Lamarche/D. Lagard

TOUT BEAU TOUT BIO

N° d'édition : 357261

Direction artistique
Néjib Belhadj-Kacem
Conception graphique
Oya Lydia Bierschwale

Impression/façonnage
Egedsa, Sabadell (Espagne)
Achevé d'imprimer en avril 2019
Imprimé en Espagne